AF494521

LA FOLIE DV VVIDE.

A PARIS,

Chez Mathvrin Henavlt, ruë
sainct Iacques, à l'Ange Gardien.
ET
Iean Henavlt, au Palais, à la Salle
Dauphine, à l'Ange Gardien.

M. DC. XLVIII.

AVEC PERMISSION.

AVX
COVRTISANS.

MESSIEVRS,

Ce Liuret qui sort des pri-
sons de l'Vniuersité pour tom-
ber entre vos mains, sera tout glorieux de
quitter son esclauage pour reprendre vne
heureuse seruitude; au lieu de seruir de
sujet à la fureur des Pedans qui l'expo-
seroient peut-estre en butte pour lancer
contre luy les traits de leurs Pedantes-
ques Distingos; il vous seruira de diuer-
tissement en se soûmettant à vos censures,
dont les pointes comme plus delicates, luy
feront aussi beaucoup moins de mal: Si vous
y trouuez du goust en le lisant, vous aurez
la satisfaction d'auoir bien employé vn peu
de temps; si vous n'y en trouuez point, vous
compterez l'heure que vous aurez mise à le

EPISTRE.

lire entre celles que vous perdez tous les iours; & si vous ne le lisez pas, il aura du moins cét auantage de n'estre point condamné par ses Iuges, autrement ils ne seroient pas iustes.

Mais i'espere que la Folie du Vuide vous donnera de la curiosité; & bien que desia vous la connoissiez assez, vous serez bien aises d'en auoir quelque éclaircissement, ie me suis mesuré à vostre humeur pour vous le donner en cét ouurage, qui n'est pas trop long, de peur d'estre trop ennuyeux, ny trop sçauant, de peur d'estre trop mal entendu, ny trop grotesque, de peur d'estre méprisé: enfin il est serieusement recreatif: apres toutes ces circonstances, s'il est encor desagreable, ie me consoleray dans l'esperance de faire mieux, quand i'auray estudié l'art de plaire autant que vous. Adieu.

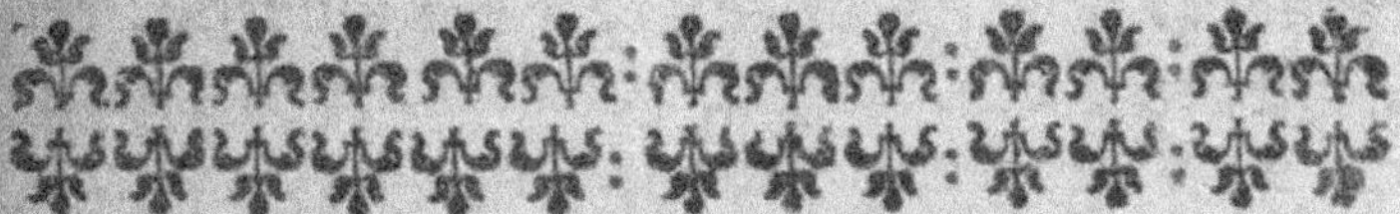

LA FOLIE
DV
VVIDE.

N iour que le temps plus som-
bre que de coustume, m'auoit
rendu plus melancholique qu'à
l'ordinaire, i'estois demeuré seul
à la chambre pour m'entretenir
auec plus de liberté en cette réverie, dont
l'amertume mesme est agreable à l'esprit, à
cause qu'elle luy est naturelle. Ie n'y demeu-
ray pas long temps que i'en fus retiré par
Eraste qui me fit l'honneur de me visiter; la
ciuilité m'obligea d'abord à dissimuler mon
humeur pour m'accommoder à la sienne, &
puis enfin apres nous estre rendus tous les
deuoirs que l'amitié peut souffrir sans feinte,
& sans complaisance, la gentillesse de son
esprit sur des sujets plaisans & recreatifs, me
firent bien-tost oublier de ce que i'estois auparauant, pour estre ce qu'il desiroit que ie
fusse, c'est à dire aussi gay que luy. Ie ne de-

mandois plus qu'à rire, & à me diuertir, & Erafte m'y inuita affez quand il me dift qu'il me vouloit mener dans vn lieu d'où ie retournerois fort fatisfait. Ma curifiofité luy fit affez voir que i'eftois tout à luy, & que c'eftoit par le moyen des chofes nouuelles que l'on me pouuoit gaigner facilement.

Il augmenta encor mon defir par l'affeurance qu'il me donna que i'y verrois des chofes prodigieufes, & qui fembloient furpaffer les effects les plus admirables de la nature, dequoy pourtant on nous donneroit des raifons fi pertinentes & fi bien receuës en bonne Philofophie, que nous ferions pleinemét fatisfaits de l'efprit en vne merueille que les fens auroient defia approuuée, apres vne experience infaillible. Pour le contentement des fens, luy dis-ie, ie le chercheray affez dans moy-mefme; mais pour la fatisfaction de l'efprit, c'eft de vous feul que ie l'attends, la folidité de voftre iugement feruira d'vn puiffant appuy à la foibleffe du mien, & voftre raifon feule rappellera la mienne fi elle s'égare, & fe mefle confufément auec mes imaginations.

Nous fortifmes auec plufieurs reparties fur ce fujet, où Erafte faifoit triompher la fubtilité de fon efprit : Nous eftions defia affez loing, lors qu'enfilans vne petite ruë, nous entrafmes dans vn vieux logis, dont l'efcalier droit, obfcur, & eftroit nous conduifit iufques à la feptiéme chambre, i'eftois laffé

de monter quand ie me trouuay au plus haut
de la maison ; nous voila introduits dans vne
chambre eminente par vn valet qui sembloit
estre hydropique, tant il estoit enflé & bouffy
par toutes les parties du corps : Ie m'éton-
nois comme luy-mesme auoit pû monter si
haut; mais Eraste m'asseura qu'il n'estoit remply que de vent & d'esprit, & qu'il n'y auoit
rien de plus leger ; nous nous promenasmes
long-temps dans cette chambre, que ie re-
marquay d'abord estre la salle, & pour ne pas
nous ennuyer, nous nous amusasmes à considerer les tapisseries, qui estoient composées
de quatre pieces si differentes & inégales, que
ie les eusse pris aussi-tost pour les quatre sai-
sons de l'année, si i'eusse pû discerner l'hyuer
d'auec l'esté. Pour les meubles, ils estoient
bien differens de ceux que le luxe étalle à la
Cour, puis qu'ils estoient tous de verre, ou de
terre; ie n'y voyois que des cabinets de pla-
stre, en façon de fourneaux & d'alambicqs,
que des vaisselles de verre en forme de bou-
teilles, de flacons, & d'vne infinité d'autres
vases, qui eussent esté plus propres chez les
Catalans que chez les Parisiens, à cause
qu'ils sembloient n'estre faits que pour boire
à la regale.

I'en dis ma pensée à Eraste, qui m'asseurant
que nous estions chez vn grand Philosophe,
où nous deuions plus dôner à la raison qu'aux
sens, me fit ressouuenir que la terre estoit la
premiere matiere de toutes choses, & que le

verre en estoit la derniere resolution, & qu'
ainsi, *à primo ad vltimum*, toutes les richesses
imaginables s'y rencontroient ; vous auriez
mieux parlé, luy respondis-ie, si vous auiez
dit imaginaires ; toutesfois c'est l'apparence
qui me trompe, & i'ay l'esprit si grossier, que
ie ne puis me figurer des metaux precieux,
où ie ne vois que de la terre & du verre ; pour
vous qui estes subtil, vous subtilisez aussi les
matieres pour les proportionner à vostre esprit.

Mais ie voudrois bien sçauoir pourquoy ces
soliues, & ce plancher sont si noirs ; c'est
pour empescher, dit-il, que la lumiere ne se
communique trop à cette chambre, & par
vne trop grande reflexion, n'empesche les
yeux de considerer tant de beaux vases de cry-
stal qui n'ont besoin que d'vne clarté medio-
cre, à cause qu'ils sont desia transparens. Vostre esprit est trop éclairé pour estre si penetrant : pour moy, ie m'imaginerois plustost
que cela prouiendroit d'vne fumée extraordi-
naire, qui estant vn signe naturel du feu, nous
fait connoistre que l'on en allume icy assez
souuent.

Nous eussions philosophé dauantage sur
les raretez de cette chambre, si vn homme ve-
nerable n'y fust entré par vn des coins. Il
estoit habillé à la mode des anciens Philosophes ; son chapeau estoit à la Platonicienne,
sa barbe à la Stoïque, son manteau à la Dio-
gene, & son maintien à la Pythagore, s'auan-

çant en ce bel equipage iusques à nous, il
nous fit vne reuerence à la Pedantesque, *inclinato capite*: Ie luy rendis son salut à la Courtisane, & ie l'eusse volontiers quitté de mesme,
parce que ie craignois que ce ne fust quelque
Magicien. Eraste qui recogneut ma peur,
me dist à l'oreille que ie parlois à Theophraste, le plus fameux Chymiste de Paris. Ie n'eus
gueres de peine à le croire, parce que son visage, qui estoit aussi enfumé que le lambris de
sa salle, me persuadoit assez qu'il estoit accoustumé au feu. On nous apporta des sieges
presque aussi differens que nos aages, nous
voila assis sans ceremonie, imitans en cela
les disciples de Pythagore, dont nostre Chymiste estoit la viuante image. Et parce qu'Eraste luy auoit dit en entrant que nous en
estions sur l'admiration des instruments de
son art, il commença d'abord par les loüanges de la Chymie, & nous vanta toutes ses
raretez; mais sur tout que c'estoit vne science incogneuë aux hommes : cette derniere
proposition ne fut pas difficile à me persuader, la raison en estoit conuainquante, parce qu'en effect tous les Philosophes ont bien
de la peine à trouuer l'essence premiere des
choses, & cette science en recherche iusqu'à
la quintessence. Ayāt laissé passer sans répondre des raisons qui me surpassoient en ce sujet, il vint sur les loüanges des Italiens auec
de grandes admirations sur la solidité de leur
iugement, & la subtilité de leur esprit : Ie

creus qu'il les connoiſſoit mal, dautant qu'on eſtime ces peuples beaucoup moins iudicieux qu'imaginatifs : toutesfois ie fis ſemblãt d'approuuer des choſes ſi nouuelles, pour ne le pas deſtourner de quelque autre recit qui me pourroit apprendre des nouueautez plus curieuſes : il ne me laiſſa gueres long-temps dans cette impatience.

Les Philoſophes, nous diſt-il, ont touſiours ignoré iuſques à preſent que l'on pûſt trouuer vn eſpace vuide dans la nature de tous les corps imaginables ; mais aujourd'huy ie veux vous faire toucher à l'œil cette verité. Quelques legeres experiences que i'en auois veu faire par vn certain Philoſophe Italien, bien verſé dans toutes les ſciences naturelles, m'auoient perſuadé en quelque façon vne choſe ſi merueilleuſe ; mais celles que i'en ay fait moy-meſme, & que ie vous feray voir preſentement, m'ont tout à fait confirmé dans vne opinion ſi veritable. Ie ne pûs m'empeſcher de rire à cette belle propoſition, & regardant Eraſte, il ne faut point douter, dis-ie, que les chymeres ne ſoient deſormais à bon marché à Paris, puiſque l'on y veut introduire les eſpaces imaginaires : noſtre Chymiſte s'alloit picquer à ce mot, ſi Eraſte n'euſt pris la parole, & ne luy euſt aſſeuté que i'eſtois vn peu railleur de mon naturel ; mais que pourtant il n'y auoit perſonne qui écoutaſt mieux la raiſon que moy, & que quand on me faiſoit voir la verité, i'eſtois auſſi libre

à donner les mains, que ie l'eſtois à me mocquer d'vne choſe qui paſſoit encor ma con-
noiſſance, enfin que i'eſtois vn peu Philoſophe.

Il nous promit que puis qu'il ne tenoit plus
qu'à cela, ie ſerois bien-toſt conuaincu, que
nous n'auions qu'à entrer dans ſon cabinet,
où nous verrions l'effet de ſa promeſſe ; nous
l'y ſuiuiſmes auſſi-toſt, & y voyant pluſieurs
tuyaux de verre & fioles vuides, ie penſois qu'il
me les alloit montrer pour me conuaincre,
mais il auoit deſſein de me prendre bien plus
ſubtilement.

PREMIERE EXPE-
rience du Vuide.

SI toſt que nous fuſmes entrez, il commença à prendre vn grand tuyau de verre, qui
ſembloit eſtre reſté tout entier, apres le dé-
bris de ces beaux chaſteaux de chryſtal, où il
ſeruoit de goutiere autrefois, & qui pouuoit
fournir d'illuſtre marque, pour authoriſer les
deſcriptions des Poëtes Eſpagnols, qui bâ-
tiſſent beaucoup de logis de telle matiere en
leur pays ; voila la capacité de ce vaſe entierement occupée par l'eau qu'il y verſa auec
profuſion, & penſant qu'elle ſe contenteroit
d'vne telle liberalité, qu'il luy vouloit oſter
bien-toſt apres, pour la laiſſer Vuide de tou-

te chofe, il ne prenoit pas garde que la nature ingenieufe contre les artifices qui tendent
à fa ruine, ne manque iamais de fubuenir à fa
propre neceffité, par des moyens prefque inconnus , quand on luy veut ofter ceux qu'on
luy auoit donnez.

Neantmoins noftre ingenieux met tous fes
efforts à rendre vne chofe naturelle , pour qui
la nature ne peut auoir que de l'horreur, il
penfe accorder le Vuide auec vn Corps, en
les mettant tous deux en vne prifon de verre,
il les veut ioindre pourtant en les feparant, &
ne les veut affembler que par le refpect de fe
deferer quelque chofe l'vn à l'autre, & de fe
ceder leur place pour quelques moments. Ie
prenois vn plaifir fingulier dans l'attente d'v-
ne fi ceremonieufe difpute, & bien que i'euf-
fe belle peur que cela ne s'exerçaft que pour
feindre vn accord mutuel, ie laiffay la con-
duite entiere d'vne affaire fi importante à celuy qui deuoit eftre leur mediateur, qui commença d'agir en cette forte.

Ie prends, me dit-il, cette grande fiftule tellement pleine d'eau , qu'elle n'a plus de place
pour aucune autre chofe ; ie la ferme herme-
tiquement par l'extremité, & ie la defcends
en ligne perpendiculaire dans ce grand baf-
fin remply de la mefme liqueur , ie plonge
mon doigt fubtilement, & le porte iufqu'au
deffous du canal , dont i'ouure l'embouchure,
puis le retirant auffi-toft, i'efleue vn peu cette
longue fiftule vers fon *Zenit*, fans la detour-

ner de son *poinct Vertical*, & vous voyez que dégorgeant quelque peu de son eau, l'autre tre qui est au fond, succede en la place de celle qui en est sortie : & comme il ne peut entrer aucun corps qui puisse remplir le fond il demeure Vuide de toutes choses : que si ie le renfonce vers son *nadir*, sans s'éloigner de la ligne directe, qui doit estre *concentrique*, vous voyez aussi-tost remonter l'eau, & reprendre quelque place de l'espace Vuide ; mesme chose arriue auec d'autres liqueurs, comme d'huile, de vin, de vif argent, & ainsi l'on peut voir le Vuide étably en la nature, malgré tous les Philosophes qui l'en ont voulu bannir à force d'arguments sophistiques.

Eraste qui estoit preoccupé par la bonne opinion qu'il auoit de ce Philosophe, me demanda en riant, pourquoy ie ne disois rien sur ce sujet ; I'admire, luy dis-je, comme la nature s'humilie, & s'abaisse deuant le Vuide : à voir cette eau qui descend au dessous de luy, il semble que ce Vuide soit plus Noble qu'elle, il tient le lieu superieur, il n'est plus contre la nature : mais il est au dessus ; voicy sans doute vn bel ordre, ie croy que la Magie a operé par tant de mots inconnus : mais en tout cecy, *valeat Aristoteles* ; lors Eraste qui pensoit que ie fusse tout à fait conuaincu, me demanda si ie voulois si tost dire adieu à l'Aristote : non non, luy dis-je, ses doctes écrits ne peuuent pas si tost abandonner ma memoire, & s'il arriuoit que les grandes con-

noiſſances , & les belles lumieres qu'elle
tient encor de luy, vinſſent à la quitter , les
idées de Platon y ſuccederoient plutoſt que
de ſouffrir ce Vuide, auſſi vois-je bien que
vous n'entendez pas bien mon langage Pedanteſque , qui veut dire qu'Ariſtote vaut
mieux que tout cecy , & qu'vne ſeule de ſes
raiſons renuerſeroit cent mille experiences
plus ſenſibles que celle-là; ie ne pû m'empeſcher de vomir toutes les trippes de mon Latin, qui eſtoient autant de blaſphemes d'eſco-
le contre le Vuide , qui l'alloient remplir ſans
doute , ſi noſtre Chymiſte ne s'y fuſt oppoſé,
& prenant la perſonne d'vn Iuge inexorable,
ne les euſt condamnées & reiettées ſans les
entendre, & concluant par ces dernieres pa-
roles: *quicquid reclament Philoſophi* , dit-il, I'ay
trouué le moyen de les faire taire: en effet, i'e-
ſtois preſque vaincu par ſon opiniaſtreté , ſi
ie n'euſſe eu recours à ma façon ordinaire de
railler, où la raiſon eſtoit inutile. Pour lors
i'aſſeuray que le Vuide eſtoit la pierre Philo-
ſophale que les Chymiſtes recherchoient ſi
curieuſement, & que le plus ſouuent ils trou-
uoient : car il ny en a guere qui ne trouue le
Vuide dans ſa bourſe. Que le meſme Vuide
eſtoit le vray or potable , par lequel toute la
nature s'alloit rendre immortelle , parce que
le Vuide ſeroit vne choſe naturelle, au defaut
de toutes les autres ; i'allois rendre l'objeɕt de
la Chymie ſi connu , que tout le monde l'euſt
pû trouuer ſans ſe tourmenter , comme tout

ceux de ce noble Meſtier, lors qu'Eraſte por-
té d'vne paſſion Pedanteſque pour ce Chymiſte, me dit, *veniamus ad rem*, ce n'eſt pas
combattre de ſe mocquer ; & ce n'eſt pas
prouuer que de douter vne apparence, luy
reſpondis-je, & i'oſe bien dire qu'il n'y a rien
de ſolide en cette experience que le verre, puis
qu'il ne ſe caſſe pas, pour empeſcher le Vuide ; ie doute fort qu'il n'en ait laiſſé le ſoing à
quelque Corps plus ſubtil que luy : mais puis
que vous cherchez à combattre, i'ay trouué
dequoy me deffendre ; & donnez vous de garde, vous & Monſieur le Docteur, & ne vous
couurez pas tant de vos experiences que de la
raiſon, parce que ſi ie les renuerſe, vous voila
ſans appuy.   Vous Eraſte qui n'eſtes pas tant
abiſmé dans le Vuide que luy, vous l'autho-
riſerez auec moins de chaleur, & vous ſou-
ſtiendrez voſtre experience auec plus de iugement ; pendant que ie montreray qu'elle n'eſt
pas ſuffiſante pour me conuaincre, & ſi vous
eſtes plus ſubtil que moy à la diſpute, i'eſpe-
re d'eſtre plus veritable que vous.

RESPONSE A LA PRE-
miere experience du Vuide.

A Peine leur auois-je dit, pour commencer à reſpondre que la nature abhorre le
Vuide, que Theophraſte me repliqua incon-

siderement que cela estoit faux ; parce qu'il
estoit contraire à son experience ; ie pensay
desesperer du succez de mon entreprise, & il
m'eust fallu prouuer ma proposition, si son
experience mesme ne luy eust fait voir que ie
disois vray, puis que l'eau remontoit au haut
du tuyau contre sa nature, qui la porte tousiours vers le centre. Voyant que son experience ne pouuoit pas satisfaire à la parole
qu'il auoit laschée si brusquement, il me paya
d'vne subtilité qu'il emprunta d'Eraste qui
estoit que la nature n'a pas le Vuide en horreur si absolument qu'elle n'en puisse souffrir aucun : mais qu'elle en souffroit le moins
qu'elle pouuoit, & que quand il arriuoit, elle
manquoit de pouuoir, & non pas d'inclination à le destruire : ie m'estonne donc bien
fort, poursuiuis-je alors, comme ce verre qui
est vn corps naturel, & qui par consequent
doit auoir vne inclination à remplir ce Vuide,
ne fait du moins quelque effort pour la témoi-
gner ; & le moindre qu'il deuroit faire, ce seroit de s'écarter quelque peu, & de se casser en
quelque endroit : il seroit sans doute bien-tost
secondé de l'air prochain qui acheueroit sans
luy ce qu'il auroit dû commencer ; cette eau
semble bien plus officieuse, & fait quelque
chose beaucoup plus difficile de remonter
en haut contre sa propre inclination pour le
soulager de cette peine ; mais bien-tost que
i'ay bien peur que ce Corps transparent ne
nous trompe, & qu'il n'ait permis l'entrée à
quelque

quelque air subtil par l'élargissement de ses pores. Si cela est, la fourbe est decouuerte, & vous n'en deuez non plus douter que moy ; si vous recourez encor à vostre experience, elle se tournera de mon costé, & contre vous mesme : car quand vous me dites qu'il n'y a point d'apparence qu'il y soit entré quelque chose, ie respons au contraire qu'il est tres apparent qu'il y en est entré, & c'est l'experience qui me le montre, lors que mes yeux ont la mesme facilité à penetrer ce Vuide, qu'à penetrer l'estenduë de vostre chambre ; que si ie ne vois pas l'air qui est dans cette sale, ie suis pourtāt bien asseuré qu'il y en a, puis que ie le penetre par la veuë : & ainsi, bien que ie ne voye pas l'air qui est dans ce vase, il faut pourtant qu'il y en ait, puis que ie puis voir au trauers aussi bien qu'auparauant : ce qui n'arriueroit pas, s'il estoit entierement Vuide, parce que la puissance visible seroit bornée, ou son objet manqueroit de se trouuer, ne pouuant voir ce qui n'est pas. Aussi ne pouuois-je presque me tenir de rire, quand vostre experience à vostre auis prouuoit le Vuide dans la nature, lors qu'au mien elle le détruisoit : si mes yeux auoient manqué d'action pour vne chose, pour laquelle ils n'en deuoient point auoir, si elle eust esté ce que vous la figurez, ils n'auroient pas remarqué l'apparence visible qui leur estoit proportionnée, & qui vous estoit contraire. Eraste voulut éuiter ma response par vne subtilité ; ignorez-vous encor, me dit-

il, que la lumiere ne paſſe à trauers de ce Vuide, & meſme auec plus de facilité qu'à trauers
de cette feneſtre , parce qu'elle n'y trouue
point de corps qui luy reſiſtent ; vous ne ſçauez que trop que l'epaiſſeur des corps empeſ-
che ſa propagation , & plus ils ſont ſubtils,
plus elle les penetre facilement : ſi donc elle
n'en rencontre aucun qui luy faſſe obſtacle,
elle s'y porte ſans difficulté, & ainſi vous vous
figurez ce qui n'eſt pas en effect, & voſtre eſprit ſe trompe, lors que vos yeux ſont plus
éclairez. *Bene admodum* , adiouta ſon ſuffra-
gant ; Si cela eſt ſi bien que vous dites , ie m'e-
ſtonne pourſuiuis-je, pourquoy cela ne me
ſatisfait pas. Tout homme de bon ſens donneroit les mains à cette verité, reprit auſſi-toſt
ce recors ; afin que ie ne paſſe point pour vn
homme d'autre nature , & que ie ne ſemble
pas eſtre fol , auec des perſonnes de voſtre
ſorte, i'accorde volontiers cette verité preten-
duë, qui ne peut couurir voſtre erreur; puis
qu'elle la doit mettre au iour, & me ſeruir de
raiſon contre vous meſme , quand vous l'a-
uancez contre moy ; & pour vous le faire
voir, il ne faut qu'examiner voſtre raiſonne-
ment : Vous dites que la clarté n'eſt diminuée
que par l'oppoſition de quelque corps épaix,
& que par tout où il ne s'en rencontre point,
elle penetre auec vne tres grande facilité cette propoſition prouueroit qu'elle y doit pa-
roiſtreen ſa plus grande pureté, puis qu'elle
n'eſt diminuée par aucun meſlange, & qu'ainſi

il ne fe peut rien trouuer de plus clair, de plus
tranfparent, de plus brillant, ny de plus éclat-
tant que le Vuide, parce que la lumiere s'y
rencontre dans fa plus grande perfection ; ce
qui ne fe trouue pas pourtant dans celuy-cy,
n'y voyant aucun changement de cette forte :
mais fans m'arrefter à rechercher tant d'é-
clat, qui n'eft qu'vne fauffe apparence à la
veuë, i'en viens au iugement, qui trouue encor quelque chofe de plus admirable en cecy;
c'eft ce qui le furprend beaucoup, de voir
qu'vn accident, comme eft la lumiere, fubfi-
fte naturellement fans fubjet dans ce Vuide;
ie croy que c'eft pour le remplir, que la nature fait ce miracle; & par ainfi voftre inten-
tion eft nulle, & vos efforts bien vains, de
vouloir appeller vne chofe Vuide qui a vne
forme. Que fi la lumiere chez vous eft vne
fubftance fubtile, qui s'épand parmy ce Vuide, & qui vient occuper cét efpace, pour em-
pefcher ce defordre, ie vous confeillerois de
ne faire voftre experience que la nuict, afin
que l'horreur des tenebres puiffe fubuenir à
cét inconuenient. A faute de quoy, ie croy
que vous ferez auffi empefché que les Danaï-
des, & que vous n'aurez pas moins de peine
à vuider vos vafes qu'elles en ont à remplir
les leurs.

Enfin, la veritable réponfe en tout cecy, &
qui doit paffer, mal-gré toutes vos experiences, fera celle qu'il faut que vous appreuuiez
vous mefme ; au lieu de vous prendre par vo-

ſtre foible, pour vous vaincre plus ayſement
à la façon de pluſieurs ennemis , ie m'atta-
queray à ce que vous auez de plus fort. Ie
croy que la Chymie eſt voſtre plus grande
ſcience, & qu'Eraſte eſt mieux verſé dans les
connoiſſances naturelles, qu'en pas vne autre
diſcipline ; ie combats donc vn Chymiſte fameux, & vn Naturaliſte ſçauant, & ie de-
manderois volontiers au premier, ſ'il ſçait
bien ce que c'eſt que la reſolution, ou le changement d'vne forme en vne autre. Mon
Chymiſte ſe voyant en beau chemin, & laſ-
chant la bride à ſes propos inconſiderez ; oüy,
oüy, dit-il audacieuſement, nous ſçauons
tout ce que vous demandez, & ſi de plus, ie
prouueray par des fortes & pertinentes raiſons que, *Datur reſolutio vſque ad materiam pri-*
mam, & ſ'emportoit deſia iuſqu'à le prouuer,
ſi ie ne luy euſſe accordé tout ce qu'il vouloit
dire,& par ce moyen euitant vne longue que-
rele , ie repris la ſuitte de mon diſcours en
cette ſorte.

Puis que la reſolution d'vn corps en vn autre eſt le but principal de voſtre noble exer-
cice, & que vous ne faites profeſſion de faire
prendre à la nature diuerſes formes, que pour
la perfectionner, & non pas pour la détruire,
ie m'eſtonne fort comme vne experience vous
a tellement éloigné de la fin que voſtre art
vous propoſe, que vous ne connoiſſiez pas
la reſolution où elle eſt effectiuement, & que
vous la cherchiez par tout où elle ne ſe retrou-

ue que fort rarement ; vous m'auoüerez sans
doute , que la resolution de corps ne se fait
que par la necessité de se conseruer ; & qu'ils
ayment beaucoup mieux changer de forme, que d'estre détruits entierement, & si vous
m'accordez que cette necessité se troue dans
l'experience presente , qui est sans difficulté,
puis que la nature est contrainte par l'horreur
du Vuide , de se resoudre plustost à souffrir
quelque changement que la perte ; ie con-
clueray pour vous respondre qu'il y a icy de
la resolution , & voicy comme elle arriue , à
mon aduis.

La partie de l'eau qui sort de ce tuyau, en
appelle quelque autre pour occuper sa place,
& pour empescher qu'elle ne demeure vuide,
car comme nous auons dit cy-deuant, toute
chose a vne inclination naturelle à le remplir, il n'y en a point qui luy puisse plustost
succeder que la partie d'eau qui luy est superieure, tant à cause que le mouuemēt qui la
porte en bas, l'y ameine auec beaucoup plus de
promptitude & d'agilité, que celuy qui se feroit contre son inclination , si elle deuoit remonter, que parce que la partie de l'eau en
sortant empesche que celle qui est autour de
l'emboucheure, ne monte à mesme temps que
l'autre s'est écoulée ; il faut donc necessaire-
ment que la superieure descende pour luy
succeder, & sentant qu'elle va laisser du vuide au haut de ce tuyau , parce qu'il n'y a
point de corps au dessus d'elle qui luy succe-

de aifément, elle fe void tellement affoiblie
par l'oppofition de ces deux Vuides, qu'elle
fait vn dernier effort naturel, & rempliffant
facilement vn de ces efpaces vuides , fans
qu'elle change de forme, elle s'eftend tellement de l'autre cofté, qu'elle remplit le vuide fuperieur autant qu'elle peut, fans changer fa nature ; mais enfin n'eftant pas égale
à deux puiffans ennemis auec des forces par-
tagées, puis qu'vn feul les demande toutes
pour eftre vaincu, il faut de necefsité qu'elle fe refoude & fe change en vn autre corps
auec lequel elle fymbolife le plus ; & enfin
fe conuertiffant en air de qui le propre eft de
s'eftendre à l'infiny, ou autant qu'il eft ne-
cefsaire à l'entretien & à l'vnion mutuelle qui
eft fi eftroitement gardée entre toutes les
chofes naturelles , elle vient à bout de fes
deffeins, & ainfi elle détruit le Vuide de toutes parts , & change vne partie de fa nature
pour ne la perdre pas tout à fait : I'en dis de
mefme de voftre vif-argent, que vous appel-
lez à bon droit entre vous du nom de Pro-
thée ou de Cameleon, parce qu'il eft fufce-
ptible de toutes fortes de formes & d'impref-
fions, & le vin n'eft pas exempt de ces parties qui fe rarefient ayfément, & prennent
affez fouuent la qualité de l'air auec fa forme.

Erafte voyant qu'apres cette réponfe il
eftoit affez difficile de me conuaincre, me dift
qu'elle eftoit affez probable : ie vous en don-

neray vne, luy dis-ie, qui peut-estre vous fa-
tisfera encor mieux ; & comme vous estes
Naturaliste, vous n'ignorez pas sans doute
qu'il n'y a point d'élement si pur en ce bas
monde, qui ne souffre auec soy le mélange
de quelque autre corps, & il n'en faut point
chercher d'exemple plus sensible que cette
eau, de qui les vapeurs font assez connoistre
que sa nature n'est pas dans la pureté d'vn
corps simple, c'est à dire sans mélange : c'est
ce qui fait que l'eau se portant en bas de sa
propre inclination, pour empescher le Vuide,
elle laisse en haut quelque vapeur de qui le
propre est de s'estendre, & de se rarefier, tenant en cela de la qualité de l'air, en la nature duquel elle se peut resoudre, & se changer
sans difficulté, à cause de la proportion qui
est entre-eux. Et c'est ce qui se fait icy sans
doute, à cause de la necessité que la nature
en a pour se conseruer ; toutes les liqueurs en
font de mesme, & qui peuuent aysement s'e-
uaporer en air, & sur tout, en vn pressant
besoing ; le vif-argent a ses esprits deliez, qui
ne sont qu'vn air subtil, qui se glisse par tout
où il trouue quelque espace libre, & qui s'e-
stend tousiours iusques à ce qu'il l'ayt remply
entierement, ainsi qu'vn petit grain d'encens
peut occuper toute la vaste étenduë d'vn lieu,
par la vertu qu'il a de se rarefier, & de se changer en air.

Voila les seules responses qui me seruent de
bouclier contre vos experiences, & ce seroit

en vain, que vous espereriez de me conuaincre. Quand vous combattez l'opinion du Philosophe, vous faites voir que vous ne l'estes
pas, & i'aurois honte de le ceder à ceux qui
ne sont pas de la profession. L'honneur d'A-
ristote m'est trop cher pour ne le pas deffendre, & pour abandonner laschement la solidité de ses raisons, à la seule apparence de la
verité.

Ie ne puis donner d'approbation à vne experience, qui semble estre ce qu'elle n'est pas,
quand ie sçay bien ce qu'elle est, & ce qu'elle
peut prouuer, le Vuide en apparence n'est iamais Vuide, & s'il l'estoit effectiuement, il ne
nous paroistroit pas, par ce que son essence,
c'est de ne pas estre. Si vous auiez bien exami-
né cette derniere proposition, ie croy que
vous seriez bien éloigné d'entreprendre ce
qu'elle prouue estre tout à fait impossible;
mais comme l'esprit preoccupé par quelque
opinion, ne suit pas tousiours l'inclination de
iugement, ie vous laisse volontiers dans vne
erreur qui nous est assez vtile à tous deux,
puis qu'elle vous fait passer pour vn fameux
Naturaliste par sa nouueauté, & qu'elle me
fait connoistre la certitude de l'ancienne opinion, en ne m'ostant pas tous les moyens de
respondre à la nouuelle.

Eraste estoit bien fasché de me voir si bien
eschappé auec cette deffaite; mais le Chymiste luy dist, que l'opiniastreté auoit causé seu-
lement quelque desordre: mais qu'il sçauoit

bien la Categorie, pour placer chaque chose en son lieu : & de plus, que s'il y falloit apporter du remede, il sçauoit la Chymie, par le
moyen de laquelle il tireroit facilement vne
quintessence qui me pourroit guerir. A quoy
ie repartis aussi-tost, que s'il pouuoit tirer du
Vuide l'essence de la verité, elle seroit capa-
ble de le rendre sain luy-mesme, & qu'il en
gueriroit beaucoup d'autres, qui y trauaille-
roiët long-temps en vain : ie la tireray, dit-il, à
vostre confusion ; pourueu que vous ne la
fassiez pas sortir de l'abysme à force de mots
inconnus, ou par art Magique, comme vous
faisiez semblant de faire tantost auec vostre
langage confus, elle m'éclairera au lieu de me
confondre : mais si vous la faites sortir toute
couuerte de tenebres & d'horreur, ie crains de
la renuoyer elle mesme toute confuse, sans
vouloir prendre la peine de la tirer au iour,
pour vous la faire voir sans déguisement. Lors
regardant Eraste en soûriant, *hactenus*, luy
dist-il, *satis prælusimus, hunc enim permisi, huc vs-*
que recreationis causâ longiùs excurrere, nihilominùs
incidit in Syllam putans vitare Charybdim, & prenant vne grande seringue, il s'écria qu'il falloit se rendre, ou tourner le dos à la verité. Ie
luy dis qu'il ostast cét instrument, & que le
fondement de mes responses n'auoit pas besoin d'vne telle purgation. Il persiste neantmoins dans ce beau dessein, & ie suis con-
traint d'attendre l'issuë de l'entreprise d'vn
ancien Chymiste nouuellement Apotiquaire,

ie ſuis pourtant bien reſolu de reculer, plutoſt que de tourner viſage.

Eraſte me regardant alors, & s'étonnant de me voir ſi ſurpris, me demanda ſi ie craignois cette menace ; Ie ſuis l'ennemy mortel, luy dis-je, de ceux qui prennent par derriere, parce que c'eſt touſiours vne eſpece de trahiſon; ie ſuis d'auis de quitter priſe , dautant que ie connois deſia qu'il y a icy du *qui pro quo*. Craignant d'auoir affaire à trop de parties, i'eſtois deſia reſolu de les quitter tous deux; mais Eraſte contrefaiſant le Medecin, m'ordonna la patience ; Ie ne ſçauois bonnement ſi i'eſtois malade ; mais ie connoiſſois bien que i'auois quelque ennuy, i'en attendis la gueriſon de ces Meſſieurs, qui furent aſſez charitables pour y trauailler de tout leur poſſible: Voicy de quelle ſorte ils y procederent, afin que chacun l'apprenne pour s'en ſeruir au beſoing.

SECONDE EXPERIEN-
ce du Vuide.

NOſtre Chymiſte tenant en main ſa ſyringue auſſi glorieux que s'il euſt manié quelque Sceptre, qui l'euſt rendu le Souuerain des Eſtats & Empires du monde, commença à faire ſon experience qu'il nous donnoit pour vne Loy infaillible en faueur du

Vuide, & pour luy donner dauantage de poids : Voicy comme il nous fit sa harangue.

Vous allez voir, *hic & nunc*, vn effect impossible dans la nature, au dire de tous les Philosophes, qui asseurent d'vn commun consentement, que deux corps ioints ensemble ne peuuent par aucun effort naturel estre separez, s'il n'y a vn passage libre à quelque autre corps, pour se mettre entre-deux. Ils suiuent tous vne erreur ancienne d'Aristote, & semblent faire gloire d'auoir manqué auec luy. Pour effacer ce peché originel, il en faut détruire la cause par cette experience, qui fait voir qu'vne chose difficile n'est pas impossible ; Cette syringue les guerira de leur ignorance; Et quoy, luy dis-je, animé de dépit, & à demy en colere, vous voulez syringuer le pauure Aristote ? Ie meure s'il en a besoing, sa doctrine est bien saine, & iamais Hypocrate ny Galien ne luy ont ordonné ce lauement: mais faites ce que vous voudrez, puis qu'il se porte bien, cela ne seruira qu'à entretenir sa santé. Vous vous trompez, mon enfant, & vous vous attachez à l'apparence de la chose, sans en voir le fond : mais i'espere de vous porter iusque-là sans plaindre ma peine; Voyez vous ce piston si iustement vny dans ce tuyau, qu'il ne permet pas à la moindre partie de l'air d'y entrer, si ie descends dans l'eau, le bout qui est ouuert, & que quelqu'vn porte le doigt à l'ouuerture, & la ferme

bien, ie tireray le piston en haut, sans qu'il
succede d'autre corps en sa place, & quoy
que cela ne se fasse qu'auec vn peu de difficulté, & que le doigt ressente quelque douleur,
à cause d'vne violente attraction ; cela n'est
pas pourtant impossible , comme veulent
Messieurs les Peripateticiens ; vous en allez
voir l'experience.

Lors priant Eraste de mettre le doigt à l'ouuerture, & de bien tenir le bout dans l'eau
auec l'autre main, il se mit à tirer le piston a-
uec tant d'effort, qu'il pensa d'abord entrais-
ner, & syringue,& homme, & bassin. Eraste
qui tenoit ferme de son costé, pensa aussi donner souuent du nez dans le bassin ; c'estoit vn
plaisir de les voir tant occupez à ne rien faire:
enfin, il tira vn peu le piston dehors; & Eraste sentit la violente attraction qu'il faisoit de
son doigt, ce qui leur fit croire aussi-tost que
cét espace estoit Vuide en verité.

Lors le Chymiste en m'apostrophant glo-
rieusement, est-il aysé de-là à conclure qu'il y
a du Vuide dans la nature, en despit d'Aristote, & de tous ses adherans, qui se sont ef-
forcez de le détruire? Oüy , oüy, ie ne feray
point de scrupule de dire, auec vn docte Capucin qui a fait les mesmes experiences que
moy deuant sa Majesté Polonoise, & qui les
appelle demonstrations oculaires, qu'Aristote a esté du tout ignorant en cette matiere. Ie
vois bien , luy dis-je, que le Vuide apporte
beaucoup de confusion dans les esprits, il se-

roit à souhaitter qu'il n'y en eust point, personne ne se vanteroit d'estre plus sçauant qu'A-
ristote, & i'auoüe qu'il n'y a que le Vuide qui
fait qu'on accuse d'ignorance vn si grand
personnage. Il auoit bien sujet de le combattre, puis qu'il luy deuoit estre si contraire, &
moy en l'imitant ie m'opposeray à sa produ-
ction, de peur qu'il ne me soit vn peu nuisible
aussi bien qu'à luy.

RESPONSE A LA SE-
conde experience du Vuide.

PVuis qu'il faut que vous me lauiez de ce
peché d'origine que vous dites que i'ay
tiré d'Aristote, il ne faut pas que vostre syringue soit Vuide, autrement elle ne seruiroit
de rien pour ma guerison ; il faut donc la remplir de quelque chose, s'il y a moyen, ie croy
aussi que la nature vigilante & industrieuse y
a pourueu mal-gré vous. Vostre opinion est
sans doute qu'il n'est point entré d'air dans
vostre syringue, & que par consequent il n'y
en peut auoir : quand vostre experience seroit
vraye, elle ne preuue pas le Vuide, si vous
supposez qu'il n'y en soit point entré, pendant
que vous auez pris le soing de l'empescher, il
y en est peut-estre entré lors que vous n'y
pensiez pas, & bien que vostre experience
mesme rende vostre supposition fausse , &

qu'elle vous contraigne d'auoüer qu'il eſt im-
poſſible qu'il n'y ſoit entré, du moins quelque goutte d'eau, que le doigt meſme y a pû
apporter, mal-gré vous, qui ſe reſoudant en
air, s'eſtende & ſe dilate autant que la neceſſité le demande ; toutefois ie ne veux pas me
preualoir abſolument de cét auantage, qui
ſeroit peut-eſtre aſſez grand pour me deffendre contre voſtre experience ; Ie veux vous
monſtrer ſeulement que vous vous trompez
vous meſme, en penſant tromper les autres.
Vous me ſuppoſez que ce piſton eſt ſi iuſte-
ment vny au tuyau qu'il n'y peut entrer rien
dedans ; le moyen donc qu'il ſe tire ſi facilement dehors, & qu'il puiſſe meſme tourner
dedans, puis que la nature ne ſouffre point de
mouuement dans vn corps ſolide ? ſi vous iu-
giez qu'il y a encor, outre le piſton, quelques
parties d'air ſubtiliſé, qui ſert au mouuement
du piſton, & qui de ſoy-meſme ſortiroit en le
tirant, s'il y auoit quelque autre corps qui pût
occuper le lieu qu'il laiſſe ; mais comme il n'y
en peut point auoir, comme vous dites, mal-
gré le piſton qui l'entraiſne en haut, il s'effor-
ce de deſcendre, & de ſe dilater, pour remplir l'eſpace Vuide, & comme il ne peut pas
ſi-toſt arriuer iuſqu'au doigt qui ferme l'ouuerture, la nature tire de la chair meſme
quelque humeur, auec violence qui s'exha-
leroit ſans douleur, & plus doucement hors de
cette neceſſité, parce que les pores exhalent
nuict & iour quelque choſe de ſemblable:

mais cõme la nature trauaille en cét endroit,
il faut que ses parties se ressentent de la peine
qu'elle prend pour se conseruer, & Aristote
mesme est l'Autheur de cette response, qui as-
seure que pour s'opposer au Vuide, tous les
corps agissent contre leur propre inclination;
ce qu'ils ne peuuent faire, sans ressentir quelque alteration en eux, & quelque affection
contraire à leur nature propre.

S'il est donc vray, comme vous n'en pouuez
pas douter par vos experiences mesmes, que la
nature ayme mieux endurer des choses qui
luy sont contraires, que le Vuide, Aristote n'a
pas eu mauuaise raison, & n'a pas esté si ignorant que vous le figurez de croire que la nature se rend plustost contraire à soy-mesme, que
de souffrir du Vuide; & si cette contrarieté
luy dure autant qu'elle peut subsister, vous
ne pouuez établir du Vuide, sans la détruire,
& par consequent le Vuide ne sera pas naturel, puis qu'il est entierement contre la nature.

Cette raison qui est Generale, détruit toutes les experiences qui luy sont contraires,
parce qu'estant veritable, comme vous mesme l'auoüez, quand vous dites que ce n'est
que par vn puissant effort qu'on peut rendre
vne chose Vuide, & qu'il y a du danger que
les tuyaux ne se brisent, toutes les experiences
qui la combattent, n'ont pour leurs armes que
l'apparence de la verité, & ne montrant du
Vuide qu'en apparence, & non pas en effect,

elles abusent de la facilité des ignorans, & condamnent iniustement d'erreur les mieux sensez, & les plus sages, qui en appellent comme d'abus au Iuge Souuerain de la Philosophie, qui les enuoyera peut-estre aux galeres, pour y vuider continuellement les eaux qui s'amassent dans la sentine, & là elles tascheront de rendre le Vuide naturel, pour soulager leurs peines.

A ce mot de Galeres, mon Chymiste commença à frissonner, à pallir, & à s'irriter contre moy, s'imaginant que i'auois découuert ses tromperies, & que ie le menaçois d'vn supplice, qu'il sçauoit en sa conscience auoir merité beaucoup de fois, pour auoir fait passer souuent de l'or & de l'argent faux pour du veritable. Allez, me dit-il, porter vos railleries ailleurs, & ne me parlez plus de Iustice; ses Ministres ne sont pas capables de iuger des Vertus secrettes, que i'ay pour la transformation des metaux, & bien qu'ils le fussent, ils me feroient pendre pour auoir trop bien-fait.

Eraste prit grand plaisir à ce discours si naïf, & par ce qu'il estoit picqué contre cette sorte de gens, pour auoir perdu vn procez depuis peu par la duplicité d'vn Iuge, il luy dist que s'il les pouuoit tous conuertir en simples, il auroit trouué la pierre Philosophale, que l'aage d'or retourneroit sur la terre ; Laissez la Iustice comme elle est, respondis-je, on ne peut la changer, sans alterer son integrité, &

ne

ne defirez point l'aage d'or : car il y auroit
tant de voleurs , qu'il y auroit trop peu de Iuges pour les chaftier. Mais retournons à noftre poinct, ce docte Capucin, chez qui Ariftote eft ignorant , & qui a fi bien prouué le
Vuide deuant fa Majefté Polonnoife, appelle
vos experiences demonftrations oculaires : il
a dit beaucoup mieux qu'il ne penfoit, parce
qu'en effect elles ne font que pour les yeux, &
non pas pour l'efprit ; & dautant que la veuë
ne confidere la chofe que comme elle luy ap-
paroift, & qu'elle ne peut pas comprendre ce
qu'elle eft, qu'vn verre au deuant de l'œil la
fait voir en vn autre place qu'elle n'eft pas,
la monftre plus grande ou plus petite, il n'a
pû prouuer autre chofe, finon qu'à voir ces
experiences , on diroit qu'il y auroit du Vuide, puis qu'à parler proprement, les demonftrations oculaires ne font que des apparen-
ces,auffi dans tous les arguments qu'il fait
contre Ariftote , il adioufte toufiours pour v-
nique preuue, *vt patet ex noftra fiftula*. Que fi
Meffieurs les Polonnois fe font laiffé perfua-
der quelque chofe de plus, ie m'en étonne
fort, & ce n'eft pas fans raifon , que ie doute,
s'ils fe font laiffé donner ce coup de hache,
eux qui fçauent fi bien s'en deffendre. Du
moins ie penfe que cette opinion a eu de la
difficulté de s'eftablir parmy eux , dautant
qu'ils ne croyent rien de naturel au monde,
comme la repletion,c'eft ce qui les fait tenir à
table vn peu plus long-temps qu'au fermon.

C

Lors Eraſte me diſt , ie ſerois d'auis que
nous fiſſions comme eux , & que nous laiſſaſ-
ſions preſcher ce Capucin ſur les experiences
du Vuide ; auſſi bien ie ſens que depuis hier
au ſoir mon ventre a diminué de ſa plenitude:
il n'y a rien qui ſoit ſi contraire à ma nature,
& il n'y a rien que ie ne fiſſe pour l'empeſcher,
tant le Vuide m'eſt en horreur naturellement.
Ie ſuis bien de voſtre anis , mais i'ay peur
qu'il ne traite ſi mal le pauure Ariſtote auec
ſes demonſtrations oculaires , & ſon Latin
bourru , qu'il ne le jette dans le deſeſpoir, &
ne le contraigne de dire encor vne fois, *Non
poſſum te capere, cape me*: Ne vous affligez point,
me dit Eraſte pour ſi peu de choſe, il luy fera
dire auſſi-toſt, *ens entium miſerere mei*. Et ainſi
ſon deſeſpoir luy ſera pardonné. Ie ſouhait-
terois ſeulement que vous me diſſiez ſur quelle raiſon vous eſtes appuyé pour détruire le
Vuide, ſi vous ſçauez quelque choſe de parti-
culier là deſſus , ie vous ſupplie de m'en faire
part, dautant que ie me vois en doute de l'v-
ne & l'autre opinion , apres ces experiences.
Ie vous en diray volontiers mon ſentiment,
luy reſpondis-je, mais ce ſera en deſieunãt, de
peur que le Vuide ne s'eſtabliſſe pendant que
ie m'opiniaſtrerois à le détruire à jeun : il vaut
mieux ietter ces premiers fondements , que de
fonder mon opinion ſur vn diſcours en l'air,
qui m'épuiſeroit , au lieu de me remplir, ie
ſuis du ſentiment de ceux qui tiennent que
la Philoſophie ne fait qu'alonger les dents à

ceux qui n'ont pas dequoy difner. Noftre
Chymifte qui auoit les dents fi ferrées de dépit, qu'il n'auoit pû prononcer vn feul mot
durant tout ce difcours, relafcha vn peu de fa
feuerité, quand il entendit parler de bonne
chere, & rappellant fa raifon égarée, dont il
auoit befoin en cette occafion, *in eam* : dit-il,
opinionem facile me adducit tua morum comitas af-
fabilitafque fermonis, cùm mens noftra huiufmodi
blanditiis mirificè capiatur. Finiffons cette difpute par vn figne d'amitié, ce n'eft que dans
les repas, que la familiarité s'engendre, &
l'on ne fe connoit pas bien, fi l'on n'a bû enfemble ; cependant, pour vous contenter fur
nos experiences ; Ie compofe vn œuure fur ce
fujet qui aura plus de fuitte que le premier Liure d'Amadis de Gaule : dans lequel vous ferez des premiers, & où i'infereray vos ref-
ponfes contre mes experiences, pour les refu-
ter apres par des viues raifons, qui dureront
encore apres noftre mort, imitant en cela la
façon d'écrire de Platon, qui s'introduit entre
fes Difciples, comme leur Maiftre, pour fatisfaire à toutes les queftions propofées. Toute la difficulté en cecy, c'eft que ie ne fçay fi
ie dois écrire en Latin ou en François ; ie vous
confeille, luy dis-je, d'écrire en ces deux lan-
gues, moitié Latin, moitié François, l'vne
donnera de la grace à l'autre, & puis on fait
profeffion en ce temps d'écrire, comme l'on
parle.

Erafte vouloit icy adioufter quelque chofe

du sien, mais il en fut empesché par le déjeuner qu'on apporta; çà, çà, Messieurs, dit pour lors le Chymiste, tenons nous chaudement, & beuuons frais, *id enim fieri debet, propter naturæ commodum*: il dit cela de si bonne grace, que nous commençasmes à rire, Eraste & moy voyants cette ciuilité Pedantesque, qui le porta d'abord à vuider vn grand verre de vin, sans boire à d'autre santé qu'à la sienne propre; l'admiray cette franchise si contraire aux ceremonies de la Cour, qui par leur seuerité gesnent l'esprit d'vn homme libre, & rendent les choses moins sauoureuses. Eraste me disoit qu'il estoit tellement preoccupé par l'opinion du Vuide, qu'il n'auoit pensé qu'à cela en beuuant: mais ie creu pourtant que cela se faisoit, *Propter naturæ commodum*, ainsi qu'il l'auoit asseuré auparauant que de boire: c'est pourquoy ie voulus faire le mesme sans ceremonie, Eraste pensant faire le ciuil, & encherir au dessus de nous, voulut boire à sa santé; mais Theophraste luy repliqua aussitost, qu'il beust à luy-mesme, & que la sienne n'estoit plus alterée, vous boirez pourtant apres moy, luy dit Eraste, vn peu irrité, où vous direz la raison pourquoy. Lors embrassant son grand verre, & l'emplissant à l'heure mesme, luy répondit imperieusement, *Sit pro ratione voluntas* : & puis l'aualla tout d'vne traitte. Cette action plût fort à Eraste, qui gardoit encor les bonnes coustumes d'Allemagne, où il auoit esté éleué auec plus de vin

que de laict. Pour moy i'vſois de la liberté
Françoiſe, & ie beuuois pluſtoſt pour plaire à
ma nature, qu'à la compagnie.

Les voila tous deux animez l'vn contre l'autre, & c'eſt à qui remplira mieux ſon eſtomac
d'humidité, & ſa teſte de fumée : ils auoient
touſiours le verre à la main, & ils ne l'auoient
pas pluſtoſt vuidé, qu'il eſtoit remply à l'in-
ſtant meſme. Monſieur le Chymiſte, de peur
de perdre ſon rang, me dit en peu de mots,
que ie deuois excuſer s'il ne m'entretenoit
pas, *Propter neceſſitatem loci & temporis* : mais
qu'apres le repas, *Forte occaſio opportunior foret.*
Ie fus ſatisfait par ce compliment ; & ie l'in-
citay à pourſuiure ſa premiere entrepriſe : ie
prenois grand plaiſir à les voir pendant la chaleur de ce combat, & i'en attendois l'iſſuë auec
impatience : le choc eſtoit trop violent pour
eſtre de longue durée : ſes yeux deuenus étin-
cellans reſſentoient deſia l'eſprit du vin, &
puis enfin ſa teſte ébranlée ne pouuoit plus
qu'à peine ſe maintenir en ſon lieu naturel,
lors qu'il commença à dire d'vne voix pro-
phetique, en laiſſant tomber ſon verre, *Quan-
ta ſit humana fragilitas, id ſatis apertè indicat.* Ne
penſez pas pourtant que ie manque de coura-
ge, non, non, *Hanc ſcilicet compotationem in cra-
ſtinum protraherem, ſed quia iam vapores in capite
velut in capitello circulant, ideò videtur non vltra
bibendum.* Nous luy fiſmes acroire que c'e-
ſtoit la mauuaiſe diſpoſition de l'air, qui luy
cauſoit ce changement, & que le temps mal

sain donnoit toufiours quelque debilité de
cerueau, par des influences secrettes, quoy
que nuisibles au corps le plus robuste, & prenant cela pour argent content, oüy, dit-il,
Quia proculdubio nocet capiti serenum.

Erafte estant satisfait de ce costé-là, &
voyant qu'il auoit mis son homme presque
hors de raison, s'adressa à moy, & me pressa
de luy tenir la promesse que ie luy auois faite,
touchant l'opinion du Vuide. I'admiray que
sa memoire s'estoit si bien conseruée, sans se
confondre auec les fumées du vin, & me
voyant obligé à parler par ses prieres ciuiles
& pressantes, i'entrepris de prouuer en cette
sorte ce que i'auois proposé.

QV'IL N'Y A POINT
de Vuide.

Vous sçauez que tous les Philosophes
Naturalistes sont d'accord qu'il ne se
peut rien faire dans la nature, sans sujet, &
qu'vn effect sans cause est vne chose tout à
fait impossible. C'est ce qui a fait, que voyans
plusieurs choses produites dans la nature, ils
en ont aussi-tost recherché toutes les causes,
& n'en n'ont trouué que quatre principales.
La premiere est celle qui les produit, & ils
l'appellent la cause efficiente. La seconde
n'est autre chose que la matiere de laquelle

elles font tirées ; La troifiefme n'eft que la forme qui les diftingue les vnes d'auec les autres. La quatriefme n'eft autre chofe que la fin, pour laquelle elles font produites. Sans la premiere elles ne font pas, dautant que rien ne fe produit de foy-mefme ; Sans la feconde elles ne peuuent eftre, puis que de rien on ne peut pas produire quelquef chofe ; Sans la troifiefme elles ne peuuent paroiftre, parce que c'eft la forme qui les rend connoiffables, & les fait voir ce qu'elles font, ou ce qu'elles ne font pas, & c'eft par elle feule, qu'elles font diftinguées de ce qui n'eft point. Sans la quatriefme, rien ne fe fait, parce que les trois autres n'agiffent que pour cette derniere. Oüy, dit Theophrafte, *Eft enim inter vos fermo, ni fallor, de quatuor anni tempeftatibus* ; Fort bien, luy dis-je, vous auez raifon, afin qu'il me laiffaft continuer ; Iugez donc, cher Erafte, s'il y a vne caufe qui produife le Vuide, iugez s'il eft formé de quelque matiere, s'il a quelque apparence qui le diftingue des autres chofes, & fi la nature luy a donné quelque fin particuliere pour le bien de tout ce grand Vniuers. Si vous trouuez quelque chofe de femblable à cecy dans toutes leurs experiences, alors tenez pour certain que le Vuide eft vne chofe naturelle : mais au contraire, fi toutes les chofes qui font en la nature, ont de l'horreur pour luy, comment voudriez-vous qu'elles pûffent produire par la voye de la nature, ce qu'elles détruifent par inclination na-

C iiij

turelle. La terre s'éleueroit plustost iusques aux Cieux, & les Cieux s'abbaisseroient plustost iusques à nous, que de souffrir du Vuide entre-eux, & cette confusion seroit moindre que le desordre qu'apporteroit le Vuide.

La raison de cecy est, que la nature s'entretient par les actions continuelles que les corps ont les vns sur les autres, & comme ils ne peuuent pas agir, sans estre vnis ensemble, cette vnion leur est naturellement necessaire, & ainsi tout ce qui l'empesche luy est opposé; c'est à dire qu'il est contre la nature. Si donc le Vuide se trouue entre-deux, il empesche l'action naturelle, il rompt ce lien si étroit, par lequel la nature les assemble, il oste le mouuement des choses, ce qu'il ne peut pas faire sans en detruire le Principe, qui est la nature mesme; & enfin, ce luy sera vne inclination naturelle de detruire la nature, & la nature en aura vne pareille pour luy resister. Voila comme le Vuide peut estre naturel, en ne pouuant pas l'estre.

Nostre Chymiste qui nous écoutoit sans nous entendre, roulant les yeux dans la teste, & tout d'vn coup deuenu furieux s'écria effroyablement. *Apage monstrum horrendum, immane ingens, cui lumen ademptum.* Lors Eraste l'arrestant par le bras, luy demanda pourquoy il se mettoit si fort en colere, quand on luy parloit de vuider son verre, qui estoit pour lors de bonne fortune encor plein. Ha! ha! dit-il; *Per me licet;* mais ie pensois que vous parliez de Cupidon l'Aueugle ; parce que vous autres Courtiſans, vous ne connoiſſez guere d'autre amour, & celuy d'amitié n'eſt pas en vogue à la Cour. Cette plaiſante penſée tira de nous vn éclat de rire : nous luy accordaſmes qu'il auoit raiſon, & qu'il auoit parlé fort à propos ; mais qu'il auoit oublié à boire ; il n'eut pas pluſtoſt le verre à la main, qu'il en repandit la moitié ſur luy ; mais Eraſte le conſola de cette perte, luy aſſeurant que cela venoit du mouuement de trepidation, qui ſe retrouue dans le corps humain, principalement quand il eſt attaqué par le froid. C'eſt pourquoy, qu'il deuoit boire le reſte, & puis s'approcher du feu, ce qu'il fit par vn mouuement fort inégal. Nous priſmes place à ſes coſtez, & le voyans immobile, ſans auoit d'autre action que de regarder le feu fixement, nous pourſuiuiſmes noſtre entretien, & ie donnay encor à Eraſte quelques raiſons contre le Vuide, pour le ſatisfaire autant qu'il m'eſtoit poſſible: Voicy comme ie la propoſay pour lors.

La nature eſt vn eſtre de ſoy, qui par vne liaiſon vniuerſelle de toutes ſes parties ſe conſerue dans vn ordre, & dans vn eſtat, qui la rend ſi parfaite & ſi accomplie, qu'elle ne peut pas l'eſtre dauantage en ſon Genre. De ſorte que tout ce qui eſt dans la nature, doit eſtre quelque choſe qui cōcoure à l'établiſſement de cét eſtre vniuerſel, cōme l'vne de ſes parties. Cette neceſſité d'eſtre luy eſt ſi pre-

pre, que de l'en priuer : c'est la détruire à mesme temps , parce que ce n'est pas vne chose naturelle de ne pas estre : & ce seroit se contredire manifestement , d'asseurer qu'à mesme temps vne chose est, & n'est pas ; c'est ce que font pourtant les Autheurs du Vuide, quand ils le comptent entre les choses naturelles , qui sont tout ce qu'il n'est pas ; & quand ils disent que le Vuide est naturel, & pourtant n'a point d'estre, cela ne veut rien dire, sinon qu'il est naturel , & ne l'est pas: accordez ces deux propositions ensemble, & vous accorderez le Vuide auec la nature ; ces Messieurs ne prennent pas garde qu'il faut estre auant que d'estre naturel , parce que le naturel est vne difference,& côme vne dependance de l'estre, & quand ils preuuent qu'il est naturel, ils ne gaignent autre chose, sinon que s'il estoit, il seroit naturel : autrement s'il estoit naturel, en n'estant pas, la nature ne demanderoit pas cette étroite vnion des corps pour conseruer son estre ; puis que sans luy , elle pourroit se conseruer dans ce qui n'est pas: ie ne puis m'expliquer , qu'imparfaitement par cette raison , à cause qu'elle s'éleue vn peu au dessus de la nature : mais si ie me rends obscur, vous estes assez penetrant pour trouuer la verité, iusques dans les tenebres où elle a coustume de se retirer , pour engager à sa recherche ceux qui l'ayment, puis que l'aymer & la suiure , c'est la mesme chose.

Ie pourrois vous donner encor les raisons

qu'apportent quelques Philosophes contre le Vuide, comme de dire qu'auffi-toft que vous oftez vn corps d'entre-deux autres, auffi-toft les deux font vnis enfemble, parce qu'il n'y a point d'autre corps qui les fepare, & par confequent, ils ne font pas diftans l'vn de l'autre: apres cela, on a beau trauailler à l'établiffement du Vuide, & en faire des experiences, puis que la nature le rend impoffible. D'autres qui argumentent par fuppofition, difent que s'il y auoit du Vuide, comme les corps inferieurs font gouuernez & conferuez dans leur eftre par les Superieurs, le Vuide empefcheroit cette conferuation, & les inferieurs ne pourroient à trauers du Vuide, receuoir les influences des Superieurs, & ainfi ils periroient auffi-toft, & le Vuide eftant fuppofé ne feroit pas mefme naturel, par ce qu'il détruiroit la nature: mais fans m'arrefter à leur raifonnement, ie fuiuray feulement celuy d'Ariftote, parce qu'il doit fatisfaire entierement l'efprir fur cette matiere: du moins, comme il me femble.

La nature, dit ce docte Philofophe, a vne inclination naturelle à ne point fouffrir de Vuide, il n'y en peut donc pas auoir, tandis qu'elle aura cette inclination, qui ne peut eftre détruite qu'auec la nature mefme : parce qu'elle eft naturelle, & ainfi le Vuide ne peut eftre étably que par la deftruction des chofes naturelles, d'où il s'enfuit que le Vuide n'a rien de naturel, finon de détruire la nature.

A ces mots Theophraste qui auoit esté comme interdit par les fumées du vin. Lachant vn
soûpir bachique: *hoc opus*, dit-il, *hic labor est, sit
viaui*, & lachant aussi-tost la bŏde à son esto-
mac indigeste, il le dechargea d'vne partie du
vin qu'il auoit pris, puis apres laissant aller sa
teste étourdie sur le derriere de la chaire, &
voulant raisonner sur sa maladie, il dit encor,
*& iam nox humida cœlo præcipitat, suadentque ca-
dentia sydera somnos*. Nous le prismes Eraste &
moy, & nous le iettasmes sur vn petit lict qui
estoit assez proche de nous, où il s'endormit
aussi-tost, nous laissasmes cét œconome des
petites Maisons fort occupé à vuider ce que
sa gourmandise auoit si bien remply, & ie suis
bien asseuré qu'il ne demeura rien de Vuide
que les plats & les verres. Pour la teste de nostre Chymiste, elle estoit remplie de tant de
fumées qui auoient pris la place de son peu de
raison, que de-là il ne nous fut pas difficile à
conclure la Folie du Vuide.

F I N.

AVERTISSEMENT au Lecteur.

TOy qui lis le Vuide berné,
Ne demeure pas étonné
D'vne si grotesque entreprise,
S'il n'est pas remply de sçauoir,
Apprend qu'il n'en faut guere auoir,
Pour ne dire qu'vne sottise.

En voulant passer pour sensé
Tu serois trop mal-auisé
De te picquer d'vne satyre,
Si tu ne peux pas l'éuiter,
Du moins tache d'en profiter,
Sans blasmer vn trauail dont il ne faut que rire.

Mais qu'importe, loüange ou blasme,
Il craint autant l'eau que la flame,
Faites tout ce qu'il vous plaira
Critiques, donnez vos censures
Quand vous luy direz des iniures,
C'est signe qu'il vous en cuira.

Vous serez mis au rang des autres,
Leurs sottises seront les vostres,
Le Vuide vous choquera tous,
Et mal-gré toute vostre rage
L'Autheur se mocquera de vous,
Quand vous mandirez son ouurage.

L'Autheur au liseur beneuole,
veut dire encor cette parole.

SOLVE.

A MONSIEVR D. L. B.

Epigramme.

AMy, pourquoy cacher ton nom,
Quand tu nous monstres ton ouurage,
Ton escrit a tant de renom,
Sans te donner cét aduantage :
Ton artifice est découuert,
Si tost que ton Liure est ouuert
On iuge de ton entreprise ;
Oste cette adresse de Cour :
Quand ta personne se déguise,
Ton ouurage la met au iour.

F. Du R. B. Dacq.

A MONSIEVR D. L. B.
sur son Traitté du Vuide.

SONNET.

AV poinct de son leuer le iour languit encore,
C'est vn foible rayon qui tremble, & qui pallit,
Il brusle par apres, & personne n'ignore
Qu'il est tout autre alors qu'au sortir de son lict.

Le Printemps nous fait voir les doux presens de Flore,
Quand de mille bouquets son beau sein s'embellit,
De moissons par apres nostre terre se dore;
Le marbre est imparfait, si l'on ne le polit.

Toute chose s'accroist, c'est vn ordre immuable,
Toutefois ce decret qu'on iuge inuiolable,
Par tes nobles essais se change en cét instant.

Ton escrit monstre assez en cette conioncture,
Qu'en naissant, il est grand, par tout méme il s'étend
Pour prouuer qu'il n'est point de Vuide en la nature.

DV PELLETIER.

SVR
LE TRAITTE' DV VVIDE
DE MONSIEVR D. L. B.

EPIGRAMME.

Qvoy que i'admire le miracle
  Que produit ce nouuel Oracle
Dans ses raisonnemens diuers,
Ie ne recognois point de Vuide en la nature,
Car depuis que sa plume en a fait la peinture,
Son esprit, & son nom remplissent l'Vniuers.

FRANÇOIS COLLETET fils de
G. COLLETET.

Fautes suruenues dans l'impression.

Page 10. assuté, *lisez asseuré.* pag. 12. Ingenieux,
lisez Ingenieur. pag. 15. douter, *lisez* donner, pag.
16. bien tost, *lisez plustost,* pag. 21. de corps *lisez
des corps,* la perte *lisez sa perte* pag. 24. de Iugement *lisez du Iugement.*